Le Comte de BRESSON
*Secrétaire Général du Groupement
des USAGERS du Canal du Berry*

LA PAIX

par

La Réorganisation Économique de l'Europe

"GESTA NATURÆ PER FRANCOS"

La Solution pratique

LE PLAN DE LA NATURE

avec

3 Cartes hors-texte

5e Mille

MAC-PRESSE
52, Champs-Élysées, Paris

LA PAIX

par

La Réorganisation
Économique de l'Europe

Le Comte de BRESSON
*Secrétaire Général du Groupement
des USAGERS du Canal du Berry*

LA PAIX

par

La Réorganisation Économique de l'Europe

"GESTA NATURÆ PER FRANCOS"

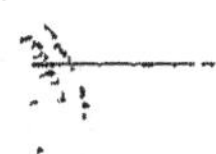

La Solution pratique

LE PLAN DE LA NATURE

avec

3 Cartes hors-texte

5ᵉ Mille

Epigraphe

Les IDEES *ne sont jamais à priori la propriété exclusive d'aucun ; elles demeurent en suspension comme des ions invisibles et insoupçonnés, jusqu'au moment où les circonstances, rapprochées comme des électrodes, jettent l'éclat subit de leur dissociation hors de la matière ; de la sorte, cette dissociation fournit à notre cerveau, quand il est en éveil, une image à saisir souvent, et toujours inconsciemment, mais rarement à assimiler immédiatement.*

A la suite d'une gestation d'une durée variable, des circonstances favorables peuvent inciter la pensée à ressaisir, enfouie en quelque repli, cette image par laquelle elle a été inconsciemment impressionnée, à l'instar de la plaque sensible d'un objectif photographique par l'éclair du magnésium ; — lui attribuer des saillies, des retraits, des protubérances, des creux, des formes, des contours, par suite l'esquisser relativement à ses effets perçus avec les conséquences immédiates et possibles ; — enfin l'exprimer et la définir par des mots qui déterminent et concrètent les réalités précises de ses propriétés.

C'est là, et là seulement, l'acte de possession, le titre propre et personnel d'Auteur et d'Inventeur, qui établit son Droit de Propriété à l'homme qui réussit à formuler et à émettre UNE IDEE.

(Avril 1915).

SOMMAIRE

Le Plan de la Nature

I.

LES DONNEES DU PROBLEME

A tous les esprits réfléchis, une constatation s'impose : Nous méconnaissons la puissance de nos ressources (Position géographique, Houille, Minerai de fer, Blé) ; nous ignorons nos buts (les satisfactions des BESOINS du « VIVRE », en nombre et en volume), et nous négligeons nos moyens (Transports = Ecoulements) ; dans ces conditions, comment éviter la confusion dans les idées, le désordre dans l'action, l'absence d'une méthode, c'est-à-dire comment ne pas glisser dans le chaos, puisque toutes ces erreurs en constituent l'essence même ?... Et ce chaos existe, non pas seulement dans les masses, ce qui est compréhensible parce qu'elles sentent et agissent en « Foules », toujours sous l'impulsion des sentiments affectifs, mais dans les Equipes dirigeantes, composées d'éléments saturés d'une instruction juridique et d'une culture livresque, toutes les deux très complètes, trop complètes, jusqu'à l'outrance et à la déformation professionnelle !...

Et plus les conférences des Dirigeants se répètent et se multiplient, et davantage le chaos se creuse et s'étend à travers le Monde entier.

Il n'est donc pas surprenant que les Peuples ne puissent pas comprendre et concevoir dans quel sens et de quelle manière il leur faut travailler et OSER !...

Cependant, à la lumière des observations de l'Ordre naturel, de l'Ordre de la NATURE, qui préside toujours en tout et à tout, ce chaos apparaît comme la conséquence parfaitement logique et inéluctable de l'enchaînement de ces erreurs, de prendre les conséquences pour les causes, et de croire que la réorganisation et l'ordonnance nouvelle d'un Continent peut se décider et s'exécuter dans l'ignorance et le mépris de cet Ordre de la Nature, et uniquement dans les règles et la symétrie rigide des syllogismes de la Raison.

Quoi qu'on conçoive, quoi qu'on tente, il n'y a pas, il ne peut pas y avoir sur le Globe un autre ordre que l'Ordre naturel. Et toutes les complications de la Civilisation moderne, qui sont les rançons de ses progrès, de ses Mieux Etre, conforts et agréments de toutes les sortes, apportés au fil de la vie, ne modifieront rien, ne changeront rien à cet Ordre de la Nature.

Pourquoi ?

— Parce que nous, les Humains, tous, civilisés comme sauvages, nous sommes d'abord des produits de la Nature, des produits du sol et du climat, et qu'il nous faut, avant tout et par dessus tout — aussi enrobés soyons-nous par tous les artifices de notre Civilisation moderne — toujours, et inéluctablement toujours, recourir à cette Nature pour assurer notre existence, pour satisfaire régulièrement TOUS LES BESOINS QUOTIDIENS DE NOTRE « VIVRE » (*nourriture, logement, vêtement*), et pour perpétuer nos améliorations physiques, morales, intellectuelles et sociales obtenues, et les parfaire encore.

La Paix, une Paix durable, la certitude de l'impossibilité du retour de toutes les atroces horreurs de la Guerre, tous les Peuples la veulent, tous les Peuples la demandent, le Monde entier l'appelle ! ! !... Mais la certitude de la sûreté des TRANSPORTS, qui est la Sécurité, n'est toujours pas établie par les PRIX DE REVIENT *les plus bas praticables !* Depuis la cessation des hostilités, les Dirigeants ont délibérément pris le chemin contraire, qui lui tourne radicalement le dos.

Et cela, inconsciemment, par ignorance.

Pourquoi ?

— Parce que Dirigeants, et Peuples qui les ont choisis, étant de formation mnémonique, par suite pédagogique, et d'instruction juridique (le *MILIEU*), s'attachent et s'entêtent à élaborer une Paix (le *BUT*), dans un « Droit » et une « Justice » théoriques (des *CONSEQUENCES*)... Paix conçue par des théoriciens du Droit, codifiée par des plaideurs en Justice, qui, tous penchés sur des textes et non sur les âmes, interrogent les principes abstraits, supposés grands, et ferment les yeux devant les faits de la Nature, la configuration du sol, ses formations, ses productions, climats, orientations, lumière, eau, vents, etc., ce qui est naturellement exact et vraiment grand. Alors que le Problème de la PAIX, conséquence de la Réorganisation économique, est le Problème du VIVRE (la *CAUSE*).

Or, le problème du « Vivre » est le problème de la Nature.

Et la Nature « se fout » du Droit et de la Justice, car ces deux éléments, conventionnels toujours, varient avec les variations des milieux. C'est d'ailleurs à cette méconnaissance que Dame Nature a dû de progresser, et qu'elle devra de progresser encore, et toujours.

Donc le problème de la Paix est un problème de Nature ; et tout problème de Nature a pour *base unique* la formation géologique du sol (les Forces économiques : productions, extractions), pour *moyens* les configurations de ce sol, qui tracent les cheminements des Transports aux marchés des consommations, et pour *fin* les satisfactions de tous les Besoins.

Ce système est le « Déterminisme naturel ».

Or, les accroissements continus de tous ces Besoins, dorénavant en si multiples variétés et en si grandes quantités, imposent, en présence de l'anéantissement total de l'organisation antérieure, la Réorganisaiton économique d'une aire continentale commune d'habitat, aux communications naturelles communes, sous un climat commun, et non pas la réorganisation individuelle de chaque Nation séparément, sur son aire personnelle d'habitat, non plus qu'une réorganisation, d'un coup, mondiale.

Cette réorganisation économique des satisfactions de tous les Besoins du « VIVRE » du Continent doit donc être entreprise et réalisée d'abord dans le cadre et l'ampleur de l'Unité continentale (configuration géographique) des communications de l'EUROPE. Et *elle doit l'être,* parce qu'ainsi elle abaisse les PRIX DE REVIENT.

Qu'est-ce donc que l'EUROPE ?

Où commence-t-elle ? Où finit-elle ?

Et quelle est son Unité de configuration, c'est-à-dire son Unité orographique, permettant les Transports aux PRIX DE REREVIENT *les plus bas praticables ?*

II.

L'EUROPE

Une organisation économique est un problème de la Nature, puisqu'elle a pour but une distribution, une répartition, de toutes les productions et extractions du sol, de toutes les transformations et fabrications qui s'ensuivent à écouler sur les marchés des consommations par les voies des communications et les moyens des Transports sur mer et sur terre ; et ces communications, voies navigables, routières et ferrées, ont leurs trajets cheminés par cette Nature dans les creux des reliefs du sol, c'est-à-dire dans son orographie.

Comme partout, la Nature est là, présente, dominatrice, ordonnatrice.

L'armature des arêtes du Continent a pour nœud originel le massif alpique suisse, d'où rayonnent du Midi à l'Orient, en remontant par l'Occident et le Septentrion, les pentes des ruissellements et des évacuations des eaux par une succession de bassins dont les collecteurs burinent de leurs sillons les vallées et les plaines avant de déboucher dans les mers extérieures. Ces bassins se répartissent en 3 principaux : Saône-Rhône, Rhin, Danube, et en

8 secondaires : Loire, Seine, Meuse, Weser, Elbe, Oder, Vistule et Dniepr, dont la ceinture orientale constitue la limite continentale de l'Europe physique (voir les cartes).

Au delà, ce sont les Asies avec des unités de leurs orographies si différentes, parce que les lignes isothermes de cette partie continentale, quoique dans le même hémisphère, ont des latitudes tout autres.

Aux bouches de ces collecteurs d'évacuation, la nature désigne, là où la configuration et le distributif du sol, adaptés aux conditionnements de l'époque, le permettent, les points de soudure entre les moyens des transports sur mer et les moyens des transports à l'intérieur des territoires ; et cette mise en valeur, à la charge de l'humain, est le travail rédempteur de son « vivre ». La Genèse l'exprime ainsi : « tu gagneras ton pain à la sueur de ton front ».

Telle est l'unité orographique principale du Continent « Europe », autour de laquelle existent les système orographiques indépendants des quatre péninsules, ibérique, italique, hellénique, scandinave ; et, isolés, deux petits continents proches, englobés dans la même zone climatique, Grande-Bretagne et Irlande, dotés de leurs systèmes individuels orographiques.

Et cette distribution est inchangeable ; elle fixe à chaque point le rôle de sa Position Géographique ; elle subsiste éternellement, intacte, entière, inébranlable dans ses formes ; ses cimes ne varient pas, ses pentes conservent leurs inaltérables inclinaisons, et ses eaux s'écoulent dans le sens de l'immuable loi de la pesanteur.

Et cela seul est vrai, cela seul est stable. Et cela seul est la base solide et certaine de toute construction, comme de toute reconstruction.

Telle est l'Europe physique : une entité immuable.

.·.

Cette configuration physique de l'Europe répartit en trois groupes toutes les nations qui se sont implantées et formées sur l'aire de sa superficie continentale.

Sur ce distributif de crêtes, de pentes, de vallées, de littoraux, composant cette unité orographique, sont venus s'assembler peu à peu et se fixer, au long de l'égrenage des siècles, les groupements humains, progressivement transformés en peuple, et puis en nations.

Et les apparitions de ces nationalités successives, au fur et à mesure qu'elles parviennent à sortir de leur gangue primitive et à s'affecter leur part respective d'apports et de consommations assurant leur « Vivre » et leur indépendance sur les possessions territoriales occupées, ont, au cours des âges, constitué un assemblage d'Etats souverains, qui composait le damier politique européen, superposé à la configuration orographique de la Nature.

Ainsi le fait physique répartit toutes les nations européennes en trois groupes :

> Groupe A : les nations *du noyau continental*, lequel est l'unité orographique principal de ce Continent ;

> Groupe B : les nations *hors-noyau continental*, les péninsulaires, indépendantes de cette unité centrale, et aux systèmes orographiques individuels;

> Groupe C : les nations *hors-continent*, les îles.

Telle est l'Europe politique : un assemblage instable de Nations.

.*.

Les satisfactions de tous les BESOINS quotidiens du « VIVRE » (*nourriture, logement, vêtement*) sont l'animateur unique des activités humaines par les profits privés qu'elles procurent.

Tant que ces Besoins sont modestes en variétés et en quantités, chaque Nation trouve sur elle-même à satisfaire ses nécessités journalières, et elle s'adapte tant bien que mal à cette limitation. C'est de la sorte que l'organisation économique antérieure à la guerre se construit empiriquement ; et, en une douzaine de siècles, elle parvient à forger cette civilisation latine de l'homme blanc, héritière en ligne directe de la civilisation grecque à travers la romaine et l'arabe.

Mais, dans l'essor des applications pratiques des découvertes de la science, les accroissements des Besoins deviennent de plus en plus considérables ; et les voies de communication allongeant leurs trajets et supportant les accélérations des allures, les moyens de transport grandissent leurs capacités, et, sans transbordement, traversent le continent entier de l'Atlantique aux frontières russes, c'est-à-dire aux Asies, les relais des tracteurs s'effectuant ponctuellement et régulièrement sur plus de 4.000 kilomètres de parcours du même rail ; tout ce perfectionnement mécanique pousse, dans l'interdépendance mutuelle des relations, à une croissance constante des consommations, le superflu de la veille devenant sans cesse le nécessaire du lendemain...

Avant la guerre, les cadres économiques, en dépit de leurs lézardes, tenaient encore. Il était permis de compter sur des évolutions, graduées par paliers, pour réaliser les changements aux adaptations nécessaires, mais, dans le déroulement brutal et sanglant de la bataille géante de 52 mois dont l'Europe fut le champ clos, l'organisation antérieure du « Vivre » s'écroula, et, du coup, fut détruite, anéantie.

Et à partir de la minute de la cessation des hostilités, c'est

une réorganisation totale à refaire, depuis le tréfonds de ses assises.

Œuvre immense, qu'aucun cerveau humain, quel qu'en soit le génie, ne peut espérer résoudre si les premières données du problème ne sont pas ramenées aux trois ordres de grandeur de la Nature : *nombre, poids, mesure,* le cadre unique de tout travail, pour qu'il soit constructif.

Alors, il apparaît évident qu'il n'est pas besoin d'un « surhomme » pour procéder à cette réorganisation économique de l'Europe ; la Nature suffit : elle est le guide sûr qui ne trompe pas, et elle désigne le routage à suivre qui atteint le but, en délimitant la tâche journalière.

Elle rappelle ces trois principes d'ordre :

1° que les BESOINS du « VIVRE » commandent tout, ordonnent tout ;

2° que les TRANSPORTS dominent et régissent toute l'ordonnance du monde ;

3° que LE PRIX DE REVIENT *le plus bas* dirige toujours les courants des échanges.

Il y a donc en premier lieu à déterminer le tonnage des marchandises indispensables pour assurer en Europe tous les Besoins du « Vivre », et à installer la voie de leurs TRANSPORTS, *au PRIX DE REVIENT le plus bas praticable,* qui garantissent les livraisons régulières de ces marchandises.

Ce qui revient à dire que les échanges, en assurant le « Vivre », c'est-à-dire les existences contre la mort, ramèneront les richesses pour tous, et engendreront l'apaisement, et, ensuite, un ETAT DURABLE DE PAIX.

Ainsi la voie d'eau de pénétration cheminera la pénétration de *LA PAIX.*

*
* *

Et pourquoi, dorénavant, ce rôle incombe-t-il à la Voie d'Eau ?

Pourquoi n'est-ce pas au rail, qui couvre aujourd'hui le continent européen de son réseau ténu de communications par plus de 350.000 kilomètres de voies ferrées ?

Le XIX⁰ siècle a été le siècle des chemins de fer : leurs profils, les sols de leurs voies, leurs travaux, ont été établis avec un écartement des rails de 1 m. 46, que tant d'hommes de cette époque antérieure jugeaient exagéré. Aujourd'hui, les capacités limitées de leurs unités de transport sont insuffisantes pour satisfaire les intensifications des mouvements et les accroissements en volumes et en poids des marchandises exigées sans relâche par les Besoins quotidiens du « Vivre », et les 350.000 kilomètres de leurs voies européennes ne peuvent être refaits en raison de la mise de fonds et du temps nécessaires. Le prix de leur combustible, générateur de leur traction, a subi un multiplicateur énorme, en rapport avec la croissance de valeur, donnée, par l'abondance des demandes, aux sous-produits extraits par une distillation méthodique ; de combustible, la houille est devenue matière première riche, très riche ; en suite de quoi, les prix des Transports ont dû être haussés.

Les mouvements des voyageurs et des expéditions en G. V., et sur des parcours de plus en plus allongés, croissent à des époques périodiques et encombrent les voies. Les passages des convois rapides ne peuvent pas dépasser une cadence au delà de laquelle, en vue de la sécurité, les entretiens deviennent trop pénibles et trop coûteux, autrement il faudrait hausser encore les prix des Transports, et, par voie de conséquence, les Prix de Revient hausseraient ; la marchandise ne pourrait plus trouver d'écoulement, et, par suite, elle perdrait toute valeur.

Alors les échanges seraient paralysés, les commerces, les fabrications, les productions, arrêtés.

A ces conditions désastreuses pour les Transports, il faut substituer des conditions favorables et avantageuses, et c'est à la voie d'eau qu'il faut s'adresser, et à la Voie d'Eau *en Canal* partout ou ce sera possible de l'établir.

Avec son unité de transport aux capacités, en grandes masses, entre 250 et 600 tonnes de charge, ayant son moteur à bord, la marchandise, transportée sur canal en sécurité absolue, voie d'eau bien outillée et équipée et en bon état d'entretien, part à heure fixe, marche à allure régulière, et arrive ponctuellement à destination, et à un prix rémunérateur pour le transporteur de la batellerie, descendant à 20 %, et souvent même 15 %, du prix rémunérateur pour le transporteur sur le rail.

Et sur les Voies d'Eau la capacité du transporteur type, le chaland, ne doit pas dépasser 600 tonnes avec 45 mètres de longueur. Le bateau de 1.500 et 2.000 tonnes, atteignant 80 et 85 mètres de longueur rigide, contraint les voies d'eau à avoir, en alignements droits des largeurs bien plus grandes, et dans les courbes. afin de pouvoir croiser en marche, des surlargeurs d'autant plus accrues que leurs rayons sont plus courts ; en outre, l'usure en eau dans les trajets, et dans les éclusées en sas, ou dans des bacs trop grands aux élévateurs, rend les Transports beaucoup plus onéreux, et, à certains points de partage, arrive même à arrêter tout mouvement en période de sécheresse prolongée. De plus ces dimensions imposent aux manutentions des arrimages et des désarrimages, une main-d'œuvre plus nombreuse et des durées trop prolongées Et, finalement, LE PRIX DE REVIENT hausse considérablement.

Ces chalands de grandes dimensions son utiles uniquement sur les grandes rivières pour des voyages de navette continue entre deux points fixes avec de la marchandise à transporter en vrac, et toujours la même.

III.

LES BESOINS

. A quelles grandeurs atteignent donc aujourd'hui ces Besoins quotidiens sur le continent « Europe » ?

Ceux de notre civilisation latine sont immenses, et ils grandiront : leurs satisfactions, toutes leurs satisfactions, est la loi d'airain, qui impose, à l'homme, de travailler.

Sur le continent européen, — les Russies non comprises puisqu'elles sont asiatiques et d'une civilisation encore autre, — ce sont les Besoins de 312 millions d'humains des deux sexes et de tous âges, qu'il faut satisfaire journellement.

Au stade actuel de la civilisation de l'homme blanc, et dans la révolution des 12 mois d'une année écoulée, le poids des marchandises consommées, par tête d'homme, de femme et d'enfant, dépasse actuellement toujours une moyenne minima de 1 tonne et demie. Que chacun réfléchisse, et enregistre ce que chaque jour il mange, boit, consomme, fume, use, en nourriture, boissons, linge, vêtements, chaussures, mobilier, véhicules, éclairage, chauffage, etc., partout où il passe, partout où il va... et il sera stupéfait du résultat de son addition et du poids accusé. Ce qui donne pour le continent une usure annuelle de plus de 500 millions de tonnes de marchandises, — aujourd'hui, au premier quart du XXe siècle.

A ce tonnage des consommations annuelles, il faut ajouter le tonnage des matières premières indispensables aux transformations et aux fabrications, et matières premières représentant en tonnes un mouvement considérablement supérieur à celui des objets finis consommés.

En exemple, des chiffres de 1927 :

Dans les frontières de la France : 40 millions d'habitants :
les 41.834 km. de voies ferrées
   mouvementent . . . . 321.000.000 t.

et les canaux et voies navigables.   40.000.000 t.

   Au total . . . . 365.000.000 t.

A reporter...   365.000.000 t.

Report... 365.000.000 t.

Dans les frontières des Allemagnes, 63 millions d'habitants :
les 53.097 km. de voies ferrées
mouvementent .... 420.000.000 t.

et les canaux et voies navigables. 155.000.000 t.

Au total .... 575.000.000 t. 575.000.000 t.

Pour 103 millions d'habitants, il a fallu mouvementer .... 940.000.000 t.
plus de 9 tonnes (9 t. 4) par tête d'habitant.

Il est évident que cette proportionnalité élevée s'applique à la partie du territoire continental ayant le peuplement le plus dense et la civilisation la plus avancée et la plus compliquée, et, par suite, les Besoins les plus multiples et les plus gourmands ; en adoptant le multiplicateur 6 pour la superficie entière du continent, on est certain de rester en deça des réalités. Et sur ces bases d'appréciation, le mouvement total des marchandises sur le continent dépasse annuellement *DEUX MILLIARDS DE TONNES.*

Dans ce tonnage des marchandises mouvementées est comprise la part des matières et objets de toutes sortes passant. dans les deux sens, par les ports de mer, et qui atteint facilement le 20 % de ce chiffre global, ce qui représente un mouvement annuel de 400 mil-l'ons de tonnes ; mais, comprimons encore et fixons à 300 mil-lions le tonnage à transiter dans les ports de mer continentaux internationaux.

Ces demandes constantes et si considérables des Besoins de l'Europe, le plus gros consommateur de l'univers, contraignent :

1° à imposer aux ports de mer des dimensions et proportions à la taille des navires de mer modernes appelés à les fréquenter ;

2° à imposer aux voies d'eau intérieures des transports la section commune au gabarit-standard du chaland de la pénétration inter-nations ;

3° à centraliser dans quelques ports de mer, alliant les plus grandes hauteurs d'eau en mer à la soudure sur le littoral à une voie d'eau de pénétration intérieure ; en soumission à cette loi d'économie que, dorénavant, la valeur et l'influence d'une côte ma-rine découlent uniquement des possibilités de concentrer en un seul point le mouvement le plus considérable des entrées et des sorties (le transit) des marchandises d'échanges des régions des-servies, afin que les plus grands navires (big ship, cheap ship), aux déchargements des cargaisons d'arrivée, trouvent prêts les chargements des cargaisons de retour. Et LES PRIX DE RE-VIENT baisseront.

Ainsi, dans l'organisation économique continentale, la valeur et l'influence d'une côte marine ne dépendent plus de son étendue, parce qu'il n'est plus possible, sans une hausse considérable des PRIX DE REVIENT, de disséminer les mouvements du transit entre un grand nombre de ports de mer.

C'est une impossibilité absolue économique, et les points géographiques, adaptables aux poids et volumes énormes des échanges modernes, sont très rares.

IV.

LA VOIE D'EAU TRANSCONTINENTALE

Danube et Canal de Jonction a l'Atlantique

Présentement, en Europe, l'époque moderne utilise trois procédés différents des transports.

en chalands de 250 à 600 tonnes sur les eaux ;
en wagons de 10 à 20 tonnes sur les rails ;
en camions de 4 à 8 tonnes sur les routes.

Dans la pratique, la marchandise choisit le procédé qui, en remplissant ponctuellement ses conditions de livraison, demande le prix le plus bas pour la porter sur les marchés où elle a ses écoulements.

Aucun de ces procédés ne peut monopoliser tous les transports ; chacun a son adaptation avantageuse et précise, déterminée par son rôle de dispersion et de rassemblement dans les combinaisons des mouvements de tous.

Mais l'activité constante et régulière de la Voie d'Eau, et tout particulièrement *du canal* (voie sans courant et à hauteur constante d'eau), devient, en raison de la grande capacité de son unité de transport, d'autant plus indispensable aux satisfactions de tous les besoins du « Vivre », que la voie ferrée limite à un maximum de 20 tonnes la charge de son wagon, en conséquence de son écartement de rails à 1 m. 46, et écartement désormais inchangeable sur les 350.000 kilomètres de voies continentales existantes.

Cette contenance des wagons est dès maintenant insuffisante pour satisfaire l'intensité d'un mouvement qui ne fera que croître encore sous les impératives exigences des Besoins, et mouvement dont le PRIX DE REVIENT est toujours trop élevé pour les transports en grandes masses, à l'exception des marchandises périssables et de grande valeur, pour lesquelles la durée du voyage devient une cause de pertes.

Ainsi, les rendements plus massifs du chemin d'eau, ayant à compléter toujours ceux du chemin de fer et du chemin de terre, doivent se développer plus grandement et plus profondément à travers les continents pour toujours satisfaire les Besoins présents, et toujours répondre aux appels de Besoins nouveaux.

Le XIXe siècle fut le siècle des chemins de fer, qui enrichirent le monde, gouvernés et gouvernements. Le XXe siècle sera le siècle de la Voie d'Eau, qui, à son tour, enrichira le monde, gouvernés et gouvernements.

Mais à la condition formelle que, dans la transversale longitudinale du continent, soit construite d'Ouest en Est la Voie d'Eau TRANSCONTINENTALE, l'artère nourricière de tous les branchements et de leurs réseaux tributaires.

Et la Nature vient à nouveau guider l'homme dans sa tâche ; elle a buriné dans son sol les grands collecteurs des écoulements de ses pentes, en rapprochant en même temps les altitudes de leurs sources, et l'unité orographique fut construite. C'est à l'Européen à exploiter ce dispositif de son continent, en appliquant pratiquement les résultats des labeurs de ses recherches et de ses découvertes, à construire les jonctions entre les divers bassins dont les inclinaisons successives l'amènent à la mer principale, l'Océan Atlantique, au point, le plus proche des côtes opposées sur les autres continents, et situé au débouché d'un bassin continental.

Alors, aujourd'hui, avec les moyens mécaniques puissants dont il sait disposer, en regard du nombre et des grandeurs des Besoins dont il sait les exigences journalières, il peut, il doit l'entreprendre : en augmentant les hauteurs de chute, correctrices des pentes, il réduit le nombre des écluses et allonge les biefs, et, par la Voie d'Eau artificiellement établie, il remédie aux interruptions périodiques des crues et des assèchements de la voie à courants, la rivière, par la constance de la hauteur d'eau de la voie sans courant, *le canal*.

De la sorte, sur le canal, la marchandise pratique toujours un prix de transport invariablement très inférieur — le tiers au plus — à celui sur la rivière, dont les courants font croître ses assurances par ses risques, ses frais généraux, par une traction plus forte, de rendement moindre, et par suite plus coûteuse, par l'élévation imposée du franc-bord (d'où réduction du chargement) et du nombre des mariniers à bord, et par les suspensions de marche et les retards consécutifs.

Bien équipé à la moderne et en bon état d'entretien, un Canal assure à la marchandise une sécurité totale et constante et, hors les excès de violente tempête, il permet, avec des projecteurs à bord, la marche nocturne du chaland, ce qui est un nouveau facteur influent de l'abaissement du PRIX DE REVIENT.

Tout transporteur, aussi bien sur mer que sur les voies de navigation intérieure, amarré ne paie pas et coûte, en marche il paie et rapporte ; plus élevé sera le nombre de ses journées de navigation, et plus il paiera, plus il rapportera, par l'accroissement du nombre de ses voyages.

Donc, le chemin d'eau est de toutes les voies de transport celle où la marchandise pratiquera toujours LE PRIX DE RE-

TABLEAU DES DISTANCES LOXODROMIQUES
DES TRAVERSÉES DE L'ATLANTIQUE DANS UN SEUL SENS

En milles marins	Voyages en mer	Trajets en rivière	Distance totale	Excédents de distance sur Bouche de Loire	de durée dans un seul sens
De NEW-YORK à :					journées
Marseille	3.900		3.900	+ 837	5
Bordeaux	3.175	+ 55	= 3.230	+ 167	
La Pallice	3.118		3.118	+ 63	
LA BOUCHE DE LOIRE.			3.055		
(la Barre des Charpentiers)..					
SAINT-NAZAIRE	3.055	+ 8	= 3.063	+ 8	
Havre	3.130		3.130	+ 75	
Dunkerque	3.227		3.227	+ 172	
Anvers	3.303	+ 60	= 3.363	+ 295	1 1/2
Rotterdam	3.312	+ 13	= 3.325	+ 270	1 1/2
Emden	3.470	+ 33	3.470	+ 415	2
Bremen	3.530	+ 33	= 3.563	+ 512	3
Hambourg	3.558	+ 52	= 3.610	+ 555	4

Le surcroît des dépenses pour un cargo de 8 /10.000 tonnes est, au cours de la livre sterling à 120 francs :

	dans un seul sens :	aller et retour :
Pour Anvers et Rotterdam de	10.800 à 16.200 fr. et de	21.600 à 32.400 fr.
Pour Emden............de	21.600 fr. et de	43.200 fr.
Pour Bremen........... de	32.400 fr. et de	64.800 fr.
Pour Hambourg .... de	43.200 fr. et de	86.400 fr.

En milles marins	Voyages en mer	Trajets en rivière	Distance totale	Excédents de distance sur Bouche de Loire	de durée dans un seul sens
De BUENOS-AYRES à .					
Bordeaux	5.936	+ 55	= 5.991	+ 36	
La Pallice	5.947		5.947	+ 12	
LA BOUCHE DE LOIRE.			5.935		
(la Barre des Charpentiers) .					
SAINT-NAZAIRE	5.935	+ 8	= 5.943	+ 8	
Havre	6.167		6.167	+ 232	1
Dunkerque	6.264		= 6.264	+ 329	1 1/2
Anvers	6.340	+ 47	= 6.387	+ 452	2
Rotterdam	6.349	+ 13	= 6.362	+ 427	2
Emden	6.507		6.507	+ 572	3
Bremen	6.534	+ 33	= 6.567	+ 632	4
Hambourg	6.595	+ 52	= 6.647	+ 712	5
					journées

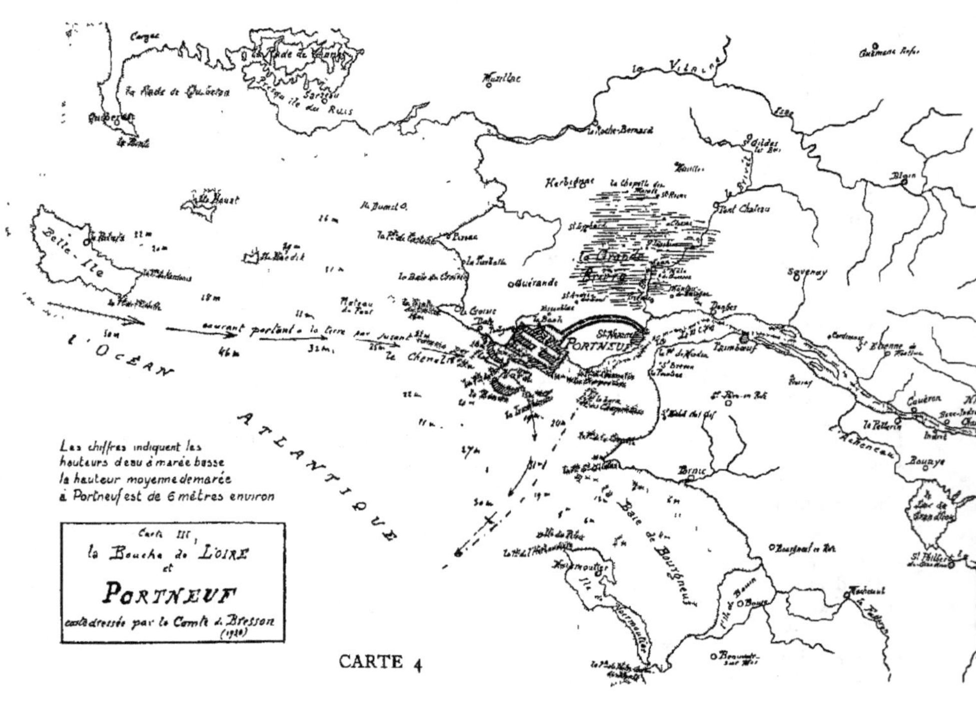

Carnac
la Rade de Vannes
la Rade de Quiberon
Presqu'île du Ruis
Muzillac
la Vilaine
Guérande Roses
Quiberon
le Pouli
la Roche-Bernard
St Gildas les Bois
Blain
Ile Haust
Belle-Ile
le Palais
Herbignac
la Chapelle des Marais St Roman
Bouille
le Bumil O.
la Pte de Castelli
Piriac
St Eglise
Pont Chateau
le Guerdik
le Turballe
la Grande Brière
Savenay
la Baie de Croisic
Guérande
Plateau du Four
le Croisic
le Bach
Donges
l'OCÉAN
courant portant à la Loire par Jusant
le Chenal
Ste Anne
PORTNEUF
Trimbaud
Paimboeuf
Cordemais
St Etienne de Montluc
ATLANTIQUE
le Pellerin
Couëron
N.R.
Basse-Indre Chantenay
Indret
Bouaye
Les chiffres indiquent les
hauteurs d'eau à marée basse
la hauteur moyenne de marée
à Portneuf est de 6 mètres environ
St Père-en-Retz
Brinc
la Baie de Bourgneuf
Bourneuf en Retz
St Hilaire de Chaleons
Lac de Grand Lieu
St Hilaire de Riez
Ile de Noirmoutier
ville de Retz
Bouin
Beauvoir sur Mer
Machecoul
St Philbert de Grand Lieu

Carte III
la Bouche de L'OIRE
et
PORTNEUF
carte dressée par le Comte de Bresson
(1920)

CARTE 4

VIENT *le plus bas,* entre 20 et 15 % du prix rémun.'rateur du rail. Et, entre ses deux formes, *avec* et *sans* courants, sur la seconde le prix de transport descendra au tiers environ du prix sur la première. Il est donc incontestable et indiscutable que partout où la Voie d'Eau de navigation intérieure pourra être construite et équipée en Canal, il ne peut y avoir la moindre hésitation à le faire, même avec un total très élevé des dépenses de première installation.

Les Voies d'Eau d'ailleurs sont loin de subir des charges aussi lourdes et accablantes que les voies ferrées, — lesquelles exigent des constructions nombreuses et très vastes, n'emploient que des engins perfectionnés et très coûteux, avec un matériel très abondant, ne peuvent pas se passer d'agents d'élite et d'un personnel très nombreux, et, pour produire leur traction, usent un combustible très cher par son prix d'acquisition et par la faiblesse du rendement utilisable.

Au contraire des voies ferrées, les Voies d'Eau n'ont pas de bâtiments coûteux à édifier et dispendieux à entretenir, d'état-major d'élite ni de personnel nombreux à payer, de matériel de transport ni de tracteurs à acquérir et à exploiter ; et, de la sorte, leurs frais généraux sont très légers.

***

Dans le trajet longitudinal naturel d'Atlantique en Mer Noire, à travers le noyau continental, la Voie d'Eau ne sera jamais établie en Canal d'une extrémité à l'autre ; la Nature a donné au collecteur des ruissellements des pentes vers l'Est, le grandiose Danube (2.855 km. de cours), des dimensions et des débits variables qui permettent, avec les améliorations acquises et d'autres à faire, la navigation jusqu'à Passau (limite austro-bavaroise) à 2.225 km. de son embouchure.

Le mouvement de sa navigation qui n'atteignait que 7 millions de tonnes environ avant 1914, n'est aucunement en rapport avec l'importance de la position géographique continentale de sa vallée, s'insinuant jusqu'au pied du nœud central des arêtes montagneuses du continent pour prendre sa source et son cours à 40 km. du cours du Rhin, collecteur des pentes inverses, et désignant aux peuples la brèche par où prolonger et dévaller leurs cheminements vers l'Ouest.

Et, en ce point qui se précise à Bâle — si judicieusement dénommée « la plaque tournante » de l'Europe, — la configuration du sol trace deux routes : l'une, vers le Nord par la vallée du Rhin, aboutissant dans une mer brumeuse et froide, secondaire à l'Atlantique, dont elle est reculée par deux îles à forme continentale, Grande-Bretagne et Irlande, à contourner toujours, et vallée du

Rhin se terminant par des méandres nombreux à travers une côte grasse et molle qui refoule son point d'atterrissage, Rotterdam, à 33 km. des fonds marins présentant la hauteur d'eau indispensable dorénavant ; l'autre, accidentée, par la trouée de Belfort d'abord pour rejoindre la vallée de la Saône, par la passe du Creusot et de Montceau-les-Mines ensuite pour pénétrer dans le riant bassin de la Loire, qui la chemine jusqu'à l'Océan Atlantique, la mer principale, à l'étendue libre et directe jusqu'aux continents lointains.

Depuis la domination ottomane à Constantinople et sur les détroits (1453), la Mer Noire est un lac turc fermé, et le Danube est un organe sans vie active, et anémié, ce que démontre le très faible tonnage de ses mouvements. Et les conséquences de la guerre prouvent indiscutablement que la vie de cette grande artère de navigation continentale ne peut pas recevoir, ne recevra pas, par la porte charretière de l'isthme turc, même toute grande ouverte, les transactions nécessaires aux rendements conformes à l'importance de son rôle dans la vie économique du continent.

C'est de la mer à l'Ouest, pour être vivifiants, que doivent venir à cette vaste et féconde vallée tous ses battements de vie, lui apportant, par la Voie d'Eau intérieure, à travers le district industriel (à l'Ouest), tout ce qui lui manque à *DES PRIX DE REVIENT les plus bas praticables.*

C'est par l'Ouest, au terminus, à l'Atlantique, du prolongement de son chemin d'eau, que le Danube trouvera dans « la franchise » d'un port de mer moderne, la mitoyenneté avec tous les peuples et tous les marchés de l'Univers.

Il s'ensuivra, pour tous ces Etats riverains, un essor prodigieux de transit et de transactions intérieures vers l'Est, les régions des débouchés nouveaux, par tous les branchements venant se greffer à l'artère principale nourricière.

.•.

Dans la marche vers l'Ouest, en venant de l'embouchure du Danube, en Mer Noire, on trouve à Galatz la jonction au Dniepr, en remontant le Pruth, pour passer au Dniestr, de là au Boug, et du Boug au Dniepr, la porte du Sud dans les Russies ; puis à Bratislava (Presbourg), la jonction à l'Elbe sur Hambourg, port continental international, et à l'Oder, et de l'Oder à la Vistule, dont l'affluent remonté, le Bug, établit la jonction au Pripet affluent du Dniepr, la porte du Nord dans les Russies, — et voilà, en Europe physique (v. la carte), le circuit fermé.

Auparavant, sur la rive gauche, la Theiss a permis la pénétration du chaland jusqu'aux monts de Transylvanie et des Carpathes, et sur la rive droite, Save et Drave ont ouvert, jusque dans les Alpes dinariques et juliennes, leurs voies aux transactions nouvelles.

De plus un canal devra établir la jonction longitudinale entre Budapest et la haute Theiss.

Il faut ensuite remonter jusqu'au delà de Ratisbonne pour trouver à Kehlheim la première jonction au Rhin par le Main, puis près d'Ulm la seconde jonction au Rhin par le Neckar, cette dernière plus courte et plus pratique.

En canal depuis l'aval de Ratisbonne, la voie d'eau remonte jusque près de Donauschingen, où elle abandonne la vallée du Danube pour franchir le point de partage avec la vallée de la Würtach par laquelle elle descend à la vallée du Rhin.

De Bâle part le branchement vers le Nord sur Rotterdam, port continental international, par le Rhin qui ramasse à Strasbourg une jonction (canal de la Marne au Rhin) sur Anvers, port continental international, puis à Mannheim la jonction par le Neckar et à Mayence celle par le Main, mettant ainsi à la disposition des Pays Rhénans, de la Ruhr et de la Wesphalie, trois voies distinctes pour écouler leurs marchandises vers l'Est à travers le noyau continental.

Alors de Bâle, la pénétration vers l'Ouest atteint la vallée de la Saône par le canal du Rhône au Rhin, à l'extrémité duquel s'articule à Chalon-sur-Saône : — vers le Nord, par le canal de l'Est, un branchement nouveau sur Anvers par Nancy, Verdun, Namur et Bruxelles, par le canal de la Marne à la Saône sur Dunkerque par Lille, par le canal de Bourgogne sur Paris-Hâre, — vers le Sud, par le canal latéral au Rhône (à construire de Lyon à Arles), un branchement sur Marseille-Etang de Berre, port français continental international.

De Chalon-sur-Saône, la marche vers l'Ouest continue par le canal du Centre, traversant le Creusot et Montceau-les-Mines avant de confluer à Digoin au canal latéral à la Loire, qu'elle suit jusqu'à Marseille-lès-Aubigny, où s'articule un branchement de nouveau sur Paris-Hâre par les canaux de Briare et du Loing, et d'où part le canal de Berry qui aboutit aux Noyers-sur-Cher (jonction à Orléans par la Sologne).

En ce point doit s'amorcer le canal de l'Ouest (à construire sur 280 km. environ) qui, sans descendre dans la vallée de la Loire, impraticable à toute voie d'eau de navigation, ira par la Sèvre nantaise, rejointe à Clisson, aboutir dans la Loire maritime à Nantes, à Pont-Rousseau.

Et de là, le cours maritime de cette Loire conduira la batellerie européenne jusqu'à Saint-Nazaire, où elle trouvera un canal à niveau débouchant dans les bassins de « PORTNEUF », dans la baie du Pouliguen, Port de Mer continental international, construit, aménagé, outillé, équipé en port moderne.

Telle est, brièvement décrite,

LA VOIE D'EAU TRANSCONTINENTALE

de l'Unité Orographique Européenne
l'Artère centrale de la RÉORGANISATION ECONOMIQUE
du Continent.

V.

LES DEUX PORTS DE MER
CONTINENTAUX INTERNATIONAUX
EN FRANCE

1° — Portneuf

Le choix de la Baie du Pouligen pour l'emplacement du port neuf moderne n'est pas une décision dictée par un bon plaisir ou un caprice. Ce choix est désigné et imposé par la configuration terrestre, sol de la côte et sol de la mer, c'est-à-dire par la Nature, parce qu'il faut un point où les faits de Nature soient en possibilité d'adaptation entière aux conditionnements (capacités forcées des transporteurs) du Milieu actuel (variétés et quantités des Besoins).

Il est une impossibilité matérielle formelle à creuser indéfiniment le lit maritime de la Loire, comme de toute rivière, d'abord, et ensuite à exécuter cette tâche sur 70 km., — en vue, comme l'affirment dans leurs rapports les Ingénieurs des Ponts et Chaussées, *de faire remonter jusqu'à Nantes des navires de mer de tonnage croissant,* — il faut donc, pour attirer les transporteurs de mer, trouver le point où les faits de Nature donnent la solution à ce problème de l'atterrissage, par les hauteurs d'eau nécessaires, naturellement existantes, et en évitant toutes les dépenses d'établissement et d'entretien d'un chenal d'accès.

Et dans cet estuaire de la Bouche de Loire, surveillé et protégé par les deux vigies avancées qui le flanquent, Belle-Ile et Noirmoutier, avec les côtes plates et basses de sa rive Nord (côté Pornichet, Pouliguen, Croisic) et avec les côtes élevées et ondulées de sa rive Sud (côté Saint-Gildas, Pornic), l'examen de la carte marine montre que les fonds de 10 mètres au niveau des marées les plus basses viennent, depuis la pointe du Croisic, border la côte Nord, s'approcher à une ou deux encâblures tout au long des rochers limites de la Baie du Pouliguen, et descendre jusqu'aux Charpentiers, la balise naturelle du seuil de la rivière, — pour avancer ensuite sur la côte Sud vers la pointe Saint-Gildas, puis, par un fuyant recul, épouser le contour de Noirmoutier. Avec les 6 mètres de moyenne des différences de marées, c'est, sur cette partie du littoral, une moyenne de 16 mètres de hauteur d'eau aux étales du flot.

Sur cette rive Sud, pas de point d'atterrissage d'ouvert, ni rade d'abri, ni de possibilité d'en constituer une. Le débouché de la Loire, en direction Sud-Ouest, court à une proximité telle de la côte qu'en fait ce dispositif est l'atterrissage sur la Barre des Charpentiers, presque toujours mauvais et, par gros temps, très gravement dangereux ; l'embouquement de la rivière est ainsi constamment périlleux, et d'autant plus périlleux que les transporteurs de mer sont de plus forte capacité, parce qu'ayant par suite plus d'enfoncement, ils doivent prolonger, jusqu'à l'heure du plein, l'attente d'aborder le seuil du lit du fleuve, exposés à toutes les intempéries dans des conditions d'insécurité complète ; conditions qui, à tout moment, peuvent tourner en désastre.

La rive Nord, au contraire, est entièrement écartée et indépendante des effets du débouché de la Loire, et son front est couvert par 3 haut-fonds de masses importantes de roches, piqués en glacis contre les assauts du large ; ce sont : le Four, à l'Ouest de la pointe du Croisic ; la Banche, au Sud-Ouest de la pointe de Penchateau ; la Lambarde, entre la Banche et les Charpentiers. En plus, entre le Bourg de Batz et le Pouliguen, la côte présente toutes facilités pour y raciner une jetée de longueur nécessaire à constituer une rade d'abri en avant des écluses du port neuf. Et la sécurité de cette rade sera complétée par une zone protégée, constituée : 1° par les constructions édifiées sur le plateau de la Banche en vue d'établir des batteries de défense, des postes d'observations et de signaux, avec une base des plus puissants moyens de sauvetage pour la haute mer, en position permanente de porter secours parce qu'indépendants des verrous du Port ; et 2° par un brise-lames construit sur la Lambarde.

Comme tout au long des côtes, ce point possède ses courants locaux propres ; et, dans cette partie Nord de l'estuaire, comprise entre Pointe du Croisic et les Charpentiers, le courant local, créé et maintenu par l'important plateau de la Banche, a, dans le bras de mer passant entre ce plateau et la côte, et dénommé *le Chenal du Nord*, une particularité exceptionnelle et remarquable : *il apporte à la terre par jusant comme par flot*, résultat dû à cette configuration physique des lieux, que le débouché du fleuve, au jusant, appelle et entraîne mécaniquement dans le sens de son écoulement les masses d'eau, situées en retrait du déplacement de ses propres masses d'eau, et initialement mouvementées par le courant local, dont l'action est régulièrement constante en conséquence de la poussée rythmée de chaque flot.

De la sorte l'atterrissage sur la Baie du Pouliguen par le Chenal du Nord est le prolongement de cet atterrissage de sécurité sur Belle-Ile, ainsi que la dernière guerre en a fourni la preuve.

*
* *

Alors dans cette grandiose Baie du Pouliguen... *PORT-NEUF*... port immense, à la taille du va-et-vient des transits énormes à destination et en provenance des EUROPES occidentale, centrale, orientale, peuplées de 312 millions d'habitants, les Russies non comprises ; populations les plus civilisées, et par conséquent les plus gros consommateurs du Globe... port naturel, devenant par le travail de l'homme, le port géant *up to date*, immense entrepôt flottant à fondations fixes, planté à la limite des grands fonds marins, tentacule aspirante allongée vers le large, attirant les trafics des autres continents par la distance la plus courte à tous leurs points d'atterrissages !... Un port aux écluses nombreuses et larges, aux bassins immenses avec ses 16 mètres de hauteur d'eau pour les « Leviathan » et les « Normandie », aux 30 km. de quais pour recevoir 25 à 30.000 navires de mer et manutentionner leurs 50 millions de tonnes de marchandises dans une révolution annuelle ; port à l'outillage le plus perfectionné avec pontons flottants, grues géantes, dépôts de charbons, citernes à pétroles, élévateurs, greniers à silos, chargeurs et déchargeurs automatiques, installations électriques et hydrauliques de force et de lumière, bassins de radoub, chantiers de réparations et de constructions, etc..., avec ses spécialisations des réceptions et des expéditions, ses magasins et entrepôts en sous-sols, en surface, en étages, et son réseau ferroviaire sur 3 plans du sol, du sous-sol et d'élévation ; ses gares de garage et de triage, sur terre et sur eau, et leurs ateliers de réparations, avec ses vastes surfaces d'eau permettant les transbordements en pleine eau, et ayant accès aux bassins de la batellerie, puis à la Loire à Saint-Nazaire par un canal à niveau !...

Un port moderne, dans toute son ampleur, dans toute sa complète puissance de réception et d'expédition, de capacité et de rendement, en prévoyant toutes les aisances nécessaires et indispensables à plus d'extension et d'épanouissement de ses moyens, de ses machineries, de ses outillages toujours renouvelés, toujours renforcés en harmonie avec les transformations et les croissances continues des consommations et des satisfactions perpétuellement évoluantes des Besoins.

Un port moderne à 2 cantons : — le maritime, englobant Saint-Nazaire avec ses chantiers de constructions navales et fluviales sur la rive droite, et Paimbœuf, sur la rive gauche, relié par une voie ferrée sous la Loire ; — le fluvial, allant jusqu'à Nantes, centre des transformations et des transits à destination ou en provenance des arrière-pays, la tête de LA VOIE D'EAU TRANS-CONTINENTALE des transports continentaux, et place centrale des transactions continentales avec l'Univers entier.

PORTNEUF... *Port Franc*... appuyé par une *zone franche* de la mer à Nantes, condition formelle qui est sa raison d'être, son principe fondamental, son existence même, la cause certaine de sa prospérité, et qui domine toute cette œuvre d'*intérêt national europeen*.

Pour toutes les Populations du Noyau Continental, ce nouveau port international européen doit naître et grandir sur l'Atlantique, en appel de Panama et au point géographique le plus proche de sa voie interocéanique des transports, parce que la croissance et l'expansion constantes des transactions mondiales contraignent à la concentration des lignes des entrées et des sorties continentales, aux fins de réaliser la plus forte compression possible des frais généraux, de tous les frais de toutes sortes, et d'arriver à la pratique courante DES PRIX DE REVIENT *les plus bas.*

Ainsi la Nature désigne *PORTNEUF* pour être le terminus continental européen de Panama.

2° — Marseille-Etang de Berre

Le Branchement du Transcontinental sur la Méditerranée, qui s'articule à Chalon-sur-Saône par la Saône aménagée, et dont la Nature a tracé le trajet par la vallée du Rhône jusqu'à l'Etang de Berre, est également d'une majeure importance pour la FRANCE et le Noyau Continental Européen, puisque son Port continental international au Sud, *Marseille-Etang de Berre,* est le terminus européen du Canal de Suez.

La position de Chalon-sur-Saône, centre régulateur des mouvements du réseau français des Voies navigables, a une importance prépondérante accrue par le régime tranquille de la Saône, voie d'eau naturelle à pente très faible (16 centimètres par kilomètre, soit 1 dixième 1/2 de millimètres par mètre) avec une alimentation d'eau soutenue et assurée, dont le cours de 141 km. entre Chalon et Lyon n'est coupé que par 5 barrage éclusés.

Mais à partir de Lyon, les pentes accentuées, données par la Nature sur les 283 km. jusqu'à Arles, rendent la rivière véhémente, bruyante et torrentueuse, en conséquence des seuils successifs qui la barrent, et sa navigation, à enfoncement limité, par endroits et par moments, à 1 m. 40, subit de fréquentes périodes de chômage. Les rendements de cette voie d'eau naturelle sont par suite considérablement réduits et ils causent automatiquement la hausse des PRIX DE REVIENT. Les aménagements projetés du fleuve n'apporteront aucun remède à cet état de choses, et ils coûteront très cher. Le seul remède efficace à cette situation est la construction *d'un Canal latéral au Rhône entre Lyon et Arles.* C'est la condition formelle au développement du Port de Mer dans l'épanouissement total de ses activités.

D'ailleurs Arles est maintenant relié à l'Etang de Berre par un canal de navigation, dont le prolongement par le tunnel du Rove soude les bassins nouveaux de Martigue aux quais de Marseille dans une unité complète d'exploitation. Il y a lieu de féliciter hautement les Dirigeants de la Chambre de Commerce de Marseille pour l'œuvre admirable qu'ils ont eu l'initiative hardie d'entreprendre, et l'esprit de suite et la tenacité de mener à sa réalisation, sous l'énergique impulsion de son vaillant Directeur Général, M. Brenier.

Marseille fait aujourd'hui un mouvement annuel de 9 millions de tonnes environ (entrées 5,6 et sorties 3,4) ; *Marseille-Etang de Berre,* port franc, et terminus européen de SUEZ et du Transsaharien, fera 5 années après l'ouverture du Canal latéral au Rhône (Arles-Lyon), 25 à 30 millions de tonnes de mouvements annuels.

VI.

LE ROLE DE PORTNEUF
ET DE LA VOIE D'EAU TRANSCONTINENTALE
DANS LA REORGANISATION ECONOMIQUE
DE L'EUROPE

Ce « PLAN DE LA NATURE » en Europe, dessiné par son Orographie, et exposé dans ces quelques pages et par ces cartes dans ses grandes lignes, a sa base fondamentale dans la soudure à l'Atlantique de la Voie d'Eau TRANSCONTINENTALE des Transports, dont le lit du Danube est le sillon essentiel, au tracé inchangeable de ses pénétrations.

Dans la réorganisation économique de l'Europe, le rôle de PORTNEUF et de sa *Voie d'Eau,* pour devenir constructif et productif, doit être élevé et amplifié parallèlement à la prépondérance croissante de la Position Géographique sur l'aire d'habitat du Noyau Continental européen ; car ce n'est plus, de-ci de-là, une Nation à individuellement renaître et perpétuer par les satisfactions quotidiennes de ses Besoins, mais un continent entier à ravitailler sans cesse pour assurer son Vivre journalier.

Est-ce à dire que la réalisation de ce Port de Mer nouveau, *PORTNEUF,* portera concurrence et préjudice aux 3 ports maritimes (1) continentaux internationaux déjà existants : Anvers, Rotterdam, Hambourg ?

Non ; parce que les Besoins du Vivre moderne ont atteint de tels développements et de telles variétés que leurs exigences quotidiennes font mouvementer annuellement sur le continent, par voies ferrées et voies navigables, plus de *deux milliards de tonnes* de marchandises et de matériaux de toutes sortes ; sur ce chiffre, au moins 300 millions de tonnes, en transit dans les deux sens (entrées et sorties), intéressent les ports de mer et maritimes.

I Un port de Mer a son seuil directement dans la mer, un Port Maritime a son seuil ou ses quais dans le lit d'une rivière ou à l'extrémité d'un chenal naturel ou artificiel d'accès

Exemples Havre, Portneuf, Marseille sont des Ports de Mer, Rouen, Nantes, Bordeaux sont des Ports Maritimes

Or, en 1929, le tonnage de ces mouvements en tonnes de marchandises a été respectivement :

	entrées	sorties	total
à Anvers	17.481.300 t.	16.267.000 t.	33.748.300 t.
à Rotterdam	22.950.000 t.	15.460.000 t.	38.410.000 t.
à Hambourg	17.680.000 t.	9.394.000 t.	27.074.000 t.

Ce qui compose un mouvement global de :   99.232.300 t.

En estimant à 70 millions de tonnes les mouvements des transits dans les Ports de mer et maritimes secondaires, il reste un excédent de plus de 130 milions de tonnes de marchandises à manutentionner ; c'est l'aliment assuré aux existences et aux développements de 4 (quatre) Ports de Mer nouveaux.

En plus de la Baie du Pouliguen, à la bouche de la Loire, la France possède un second point géographique continental, situé à l'extrémité méditerranéenne de son branchement sud de la Voie d'Eau Transcontinentale, l'Etang de Berre, à la bouche du Rhône ; et tous les deux sont adaptables aux dimensions et aux proportions des transporteurs de mer modernes. Osons les utiliser !

Car ce sont deux nécessités économiques à satisfaire impérativement.

Et deux nécessités dont la position respective de chacune présente les avantages, — pour *PORTNEUF*, d'avoir le seuil de ses écluses directement dans les grands fonds marins sous des hauteurs d'eau d'une moyenne de 16 mètres au plein, — pour l'Etang de Berre, d'avoir son seuil à 10 km. des fonds marins d'une hauteur d'eau de 12 mètres, égale à celle de 4.000 des 15.000 hectares de sa superficie totale ; — et en outre, pour ces deux positions, de pouvoir construire ces deux nouveaux ports dans des emplacements vierges de toute installation similaire antérieure, ce qui constitue une énorme économie.

Alors que, de la Mer du Nord, — à Anvers, il faut remonter l'Escaut sur 88 km. pour atteindre l'écluse de Kruisschans, et sur 108 km. pour franchir l'écluse Bonaparte, — à Rotterdam, il faut remonter la Nouvelle Meuse sur 24 km. après avoir suivi en mer un chenal d'accès à la côte de 9 km., au total 33 km. pour arriver dans les bassins, — et à Hambourg, il faut remonter l'Elbe sur 95 km. pour accoster à ses quais.

.·.

La Voie d'Eau TRANSCONTINENTALE, l'artère nourricière longitudinale, rayonne sur le Noyau Continental par 8 (huit) branchements principaux ; elle transmet directement et elle propage inlassablement le mouvement à travers les populations de 12 (douze) nations de Race Blanche, — France, Belgique, Suisse, Bade, Würtemberg, Bavière, Autriche, Tchécoslovaquie, Hongrie, Yougoslavie, Bulgarie, Roumanie.

Tenue en bon état constant d'entretien, cette voie de communication verra son mouvement croître dans des proportions prodigieuses, et entraîner dans les mêmes progressions les mouvements de tous les branchements, et des ports du littoral où ils racinent, — parce que le Mouvement « appelle » toujours plus de Mouvement.

Ainsi, la marchandise circulera à plein rendement. En mouvement, elle prend sa valeur réelle, tandis qu'en stock elle vaut zéro. Ses écoulements valorisent l'unité de monnaie. Les marchés anciens s'élargissent, s'agrandissent ; des marchés nouveaux naissent, et se développent. Les échanges s'opèreront dans les mesures des adaptations aux consommations ; les enrichissements se feront dans les progressions du travail ; la Richesse se réalisera.

Cause première et substantielle, immensément vivifiants tant qu'ils marchent, les Transports engendrent Agriculture, Industrie, Commerce, et finalement, Finances ; toutes ces activités sont leurs Conséquences, et, inéluctablement, le seront toujours.

Car les Transports sont l'animateur de la vie économique sur le Globe, et, par suite, de *la Vie* tout court (vivre). — Hors d'eux, c'est l'inertie, la décomposition, la mort !...

L'oubli et la méconnaissance de cette loi plonge le Continent entier *EUROPE* dans le chaos.

.*.

Ce xx° siècle sera le siècle de *La Voie d'Eau,* — alors que le xix° siècle fut celui des Chemins de Fer, lesquels ont enrichi tout le monde et occasionné un accroissement si considérable des populations de Race Blanche (1).

C'est l'évolution obligatoire vers la capacité plus grande de l'unité de transport, conséquence impérieuse des accroissements et des croissances de TOUS LES BESOINS QUOTIDIENS DU VIVRE (nourriture, logement, vêtement).

Désormais, la voie ferrée du continent européen, à l'écartement de 1 m. 46, est trop petite, et par suite trop faible pour supporter les passages multipliés d'unités de transport à capacité qui doit être plus forte, — triplée, quintuplée, et même grandie davantage.

---

1 Entre 1800 et 1924, les populations des Nations européennes, les Russies non comprises, ont passé de 135 millions a 360 millions d'êtres
Sous l'empire des idées et des transformations propagées par la Civilisation latine de l'Homme Blanc, l'accroissement des humains sur le Globe, durant la même période, a fait passer le total des peuplements de 871 millions a 1 milliard 820 millions

Les sols des voies, leurs ballasts et leurs travaux d'art ne supporteraient pas, sans d'énormes frais d'entretien, et souvent de réparations et de réfections, les pesées, les poussées, les ébranlements de pareils chargements aux allures et aux fréquences exigées par les satisfactions de ces Besoins.

Toutes ces charges imposeraient invariablement des majorations très élevées des tarifs, comportant inévitablement les hausses des PRIX DE REVIENT.

Aussi, la marchandise deviendrait-elle inerte, et, par suite, sans valeur.

En plus, les afflux périodiques des voyageurs prennent des ampleurs telles que les trains de G. V. quadruplent trop souvent. Ces fréquences de convois à allure très rapide ont des répercussions profondes dans le service entier de chaque réseau.

Il est, d'ailleurs, radicalement impossible de changer cet écartement de la voie ferrée européenne, parce que cette réfection ne peut pas porter seulement sur une partie de ce réseau, mais doit englober sa totalité qui, aujourd'hui, comporte plus de 350.000 km. de voies, soit plus de 700.000 km. de rails. On peut, bien difficilement, se faire une idée même approximative, du temps et de la mise de fonds nécessités par un changement aussi total de l'équipement entier des transports par fer sur le continent.

Il faut donc se plier aux circonstances, qui sont le legs d'un passé peu prévoyant, s'adapter aux exigences nouvelles, et accepter de déverser dans les chalands de la Voie d'Eau toutes les marchandises pouvant voyager en grandes masses : et leurs PRIX DE REVIENT baisseront.

L'intérêt bien compris de la Voie Ferrée est de s'unir au Canal.

Il est instructif de constater que dans les régions où les canaux ont été développés le plus, la voie ferrée a vu la recette brute au kilomètre de voie, augmenter le plus. Ainsi en DIX ans — 1885-1895 — la recette brute au kilomètre de voie a augmenté :

                Sur le Nord de . . . . . . Frs 6.200
                Sur l'Est de . . . .   — 1.100
                Sur P. L. M. de . . . . .   — 2.900

Et dans la même décade :

                    L'Ouest perdait . . . . . Frs 3.000
                    L'Orléans . . . .   — 4.700
                    Le Midi . . . .   — 2.900

Ces 3 dernières Compagnies sont celles dont l'aire du réseau n'est pas sillonnée par des canaux, ou bien l'est par un nombre insuffisant de canaux.

VII.

LES INELUCTABLES BASES
DE
LA PAIX EUROPENNE

Toute organisation, ou réorganisation, comme toute construction, toute fabrication, toute production, doit s'opérer méthodiquement depuis le point initial de sa fondation, de sa matière première, de sa racine ou de son œuf. Il devrait être superflu de répéter cette vérité première « *qu'il faut toujours, en tout, commencer par le commencement* », aussi bien dans l'ordre intellectuel que dans l'ordre matériel, dans l'ordre moral que dans l'ordre social.

Et les Bases d'un ordre moral puis social, matériel puis intellectuel, résident dans l'Ordonnance de la Nature qui a fixé et réglé les conditions de ses formations géologiques et de ses influences climatiques (justement dénommées « les conditionnements du Milieu »), dont les conséquences créent l'ordre économique, — de Paix si elles sont en harmonie, — de conflit si elles sont en désaccord.

Ainsi les Bases de l'harmonie dans les rapports entre les peuplements d'un Continent résident dans l'unité des communications et l'unification des moyens des Transports pour quotidiennement satisfaire les BESOINS de la Nourriture, du Logement, du Vêtement (le « Vivre »).

Et, c'est pour se plier et s'adapter à cette norme des développements des transactions et des croissances des échanges, par suite des accroissements des Transports, que « la Réorganisation Economique de l'Europe » doit débuter par la réorganisation du Noyau Continental, dont les Peuples du Groupe A (voir page 8), directement intéressés par localisation et destination, sont, par conséquent, les premiers et les seuls compétents.

D'ailleurs, qui, mieux que les peuples de ce groupe, peut émettre une prétention à connaître leurs menaces et leurs risques communs, leurs Besoins communs du « Vivre » et de la Sécurité, et leurs intérêts économiques communs indispensables à leurs indépendances et aux réalisations de leurs idéals

Basée alors sur l'organisation d'intérêts économiques communs, l'Interdépendance des peuples devient, non pas une soumission commune à la domination d'UN SEUL, mais *une entente mutuelle d'accords pratiques librement consentis,* assurant les réalisations certaines des profits privés légitimes, et, par suite, la Prospérité générale.

Successivement ensuite, de proche en proche, l'organisation continentale du Noyau absorbera, en les adaptant, les peuples du groupe B, puis ceux du groupe C.

« Il faut commencer sa tâche par le commencement ».

*
* *

La Réorganisation Economique de l'EUROPE se fera.

Elle se fera dans le cadre, à la taille et dans l'ampleur de l'Unité Orographique du Continent, c'est-à-dire dans l'unité des communications dessinées par la Nature.

Elle se fera *avec* ou *sans* la FRANCE.

Si elle est faite avec ELLE, elle se fera *par ELLE*, et elle sera dans l'ordre et l'ordonnance de la Nature, — et ce sera *La Paix*.

Si elle est faite sans ELLE, elle se fera *contre ELLE*, et elle sera contre l'ordre et l'ordonnance de la Nature ; et, alors, elle se fera au seul profit de la PRUSSE dominant les ALLEMAGNES et l'EUROPE, et ce sera *la PANGERMANIE* (l'Hégémonie d'UN SEUL...), — et ce sera *La Guerre*.

...Et quelle Guerre ! ! !...

*
* *

L'Entente franco-allemande doit se faire.

Mais elle ne peut se faire que par la voie des ALLEMAGNES du Sud, et non pas par le détour par Berlin et la PRUSSE, — parce que ce chemin par le Sud est le tracé orographique, le tracé de la Nature, des relations et des échanges, aux PRIX DE REVIENT *les plus bas praticables*.

Ainsi l'Entente franco-allemande s'édifie et se cimente par des Intérêts communs qui croissent et s'acroissent, et non pas par une écriture qui sèche et s'efface sur un papier qui se chiffonne et se déchire.

C'est le Destin géographique de *LA FRANCE* de développer les Echanges et les MIEUX-ETRE chez chacune des Nations du Noyau continental européen, — l'Unité Orographique.

C'est ce qui en fait la grandeur.

Gesta NATURÆ per Francos.

VIII (1)

LE PRIX DE REVIENT

Les Lois de la NATURE sont inexorables ; il faut s'y adapter ou disparaître ; et la première, sous le joug de laquelle les Humains ont à se plier, est la Loi du « VIVRE » :

Pour « Vivre », il faut se nourrir.
Pour se nourrir, il faut produire, fabriquer, écouler.
Et pour écouler, il faut *TRANSPORTER.*

Ainsi, les TRANSPORTS sont la condition essentielle et fondamentale de toute Organisation. — Organisation de la PAIX, — comme Organisation de la Guerre, — c'est-à-dire Organisation des activités productives et fécondes.

Nos Transports, enfin adaptés aux nécessités des hostilités, coordonnés et bien dirigés dans les sens, les allures et les cadences des Besoins de la Guerre, nous ont dotés de l'Organisation qui nous a fait gagner la Guerre.

Les Transports, dans l'Unité Orographique principale — le Noyau Continental Européen, — encore inadaptés aux exigences des Besoins modernes de la Paix, et « incoordonnés » en conséquence de l'absence d'un plan d'ensemble du réseau complet orographique des Voies des Communications (voies navigables, voies ferrées, voies routières), contrecarrent toute Organisation économique du « VIVRE » sur ce continent EUROPE ; — Organisation économique qui est l'élément-base de l'instauration d'un ETAT DURABLE DE PAIX, parce que, dans les foules, aux sentiments affectifs et passionnels il substitue les profits privés.

L'Homme n'agit, ne fait effort, ne travaille, n'accepte un labeur, ne supporte une souffrance que *par intérêt* ; il est ce qu'il est.

Le profit privé, d'ailleurs, est le seul stimulant qui l'ait fait progresser, et qui, toujours, le fera progresser.

Alors, l'Organisation économique de l'Europe, antérieure à la Guerre, étant aujourd'hui détruite, anéantie, le Chaos continue, et croît !...

*
* *

Sans Transports, pas d'organisation à la ferme, à la mine, à l'usine, au comptoir. — Donc, sans Transports, pas d'Agriculture, pas d'Industrie, pas de Commerce, non plus que leur conséquence, les Finances. — Au résumé, pas d'existence individuelle ni collective, possible.

---

(1) Dans ce nouveau tirage, j'ai dû ajouter ce chapitre VIII pour répondre aux multiples questions qui m'ont été adressées.

Sans Transports, la marchandise ne s'écoule pas, elle s'accumule ; alors, ainsi « stockée », elle vaut zéro.

Tandis qu'en mouvement, transportée, elle s'écoule et prend sa valeur réelle ; et, par là même, elle valorise l'unité de monnaie, — la garantie-étalon, dans le temps, de l'égalité de valeur, dans les échanges, des marchandises de reprise aux marchandises livrées, dans les trocs à plusieurs temps en divers lieux que sont désormais les transactions commerciales.

*
* *

De la sorte, perpétuellement, dans le futur comme dans le passé, c'est *la Loi du Transport* qui domine et régit toute l'ordonnance du Monde.

Elle dit, et dicte :

« Voies des Communications et Moyens des Transports sont « les deux éléments constituant l'ORGANE qui, toujours pro- « gressivement et sans lacune depuis l'orée des âges, a arbitré, ar « bitre et arbitrera les destinées des Peuples ».

Organe dont l'action devient d'autant plus prépondérante et impérative que les applications pratiques des découvertes scientifiques apportent plus de perfectionnements dans sa construction, son outillage, son équipement, et son exploitation.

Et toujours, automatiquement, ces perfectionnements progressifs ont ordonnancé les pénétrations et les expansions des écoulements des marchandises pour les satisfactions ponctuelles et totales des BESOINS journaliers du « VIVRE (nourriture, logement, vêtement) ; — ce qui définit l'Art de GOUVERNER, *l'Art de multiplier des Consommateurs...*

De la sorte, toute Organisation — ou Réorganisation — économique place le Problème des TRANSPORTS sous l'impératif et les effets de cette Loi,
— que LES BESOINS ORDONNENT TOUT,

et COMMANDENT A TOUT.

En conséquence, les Moyens de ces Transports, ainsi que les Voies des Communications qui les acheminent et les soudures par lesquelles elles sont nouées, doivent être construits à la taille et dans les ampleurs de ces BESOINS, — toujours croissants.

Et la NATURE a lié si intimement ces deux faits matériels,

— ECONOMIE de l'ORGANISATION —
et — OROGRAPHIE du CONTINENT —

qu'elle commande au premier d'être la conséquence du second, — afin de toujours réaliser « la Pratique du PRIX DE REVIENT le plus bas ».

Il est évident ainsi que la question des Changes n'est pas une question d'argent, de monnaie métallique ; elle n'est pas cette idée dont nos Dirigeants actuels sont imbus ; elle ne doit donc pas être traitée par la Finance seule, ni même être dirigée par elle.

C'est une question de Transports et de débouchés, qui doit être traitée et dirigée par des hommes de compétence commerciale confirmée, entièrement libérés de la foi en la prédominance du Droit et des Codes (conséquences d'un état de Société, et non pas sa cause première), et possédant effectivement les connaissances générales les plus étendues et les plus approfondies des relations entre les Peuples ; et relations coordonnées économiquement par un Fait matériel : l'état des ressources et du développement des « FORCES ECONOMIQUES » en existence dans l'aire territoriale occupée par chaque Nation.

Et cela ne s'improvise pas.

Cela s'apprend et s'acquiert avec du temps par une pratique expérimentale d'une longue suite d'années passées hors de son propre pays natal : non pas par une technique, produit de l'improvisation fantaisiste, puisque *la technique* est *un procédé* d'application, variable à l'infini autant qu'il est d'individus. « Techniciens » et « Experts » sont des titres sans fondement, vides de toute appréciation précise autre qu'une mémoire de textes, et n'impliquant aucune garantie de connaissances réellement acquises.

Il paraît opportun de rappeler cet axiôme de M. de La Palice · « Tout homme, qui veut parler de ce qu'il n'a pas appris, inéluc- « tablement, invariablement, dit toujours des âneries ».

C'est aux « Praticiens des TRANSPORTS » qu'il faut s'adresser pour transporter, car, pour être productive de relèvement, et profitable de prospérité, la reprise ascendante du pouvoir d'achat du FRANC à l'extérieur doit être la conséquence de la croissance de nos échanges hors frontières en quantité et en valeur. Et sans les circulations des Transporteurs, comment la réaliser ?

Cette évolution salvatrice ne peut s'effectuer autrement ; car l'inflation numérique des moyens de paiement mène à *la banque-route,* comme leur déflation conduit à *la faillite.*

Toutes les marchandises, pour prendre leur valeur réelle, doivent donc *circuler* — absolument toutes, même l'OR, en dépit de son rôle double, et de marchandise d'échange, et de valeur-étalon de garantie. C'est ce double rôle qui définit la profession de « Banquier », un marchand d'OR, comme il existe des marchands de tissus, de cuir, de houille, de fer, de viande, etc..., mais avec cette croissance de risques pour lui, que sa propre marchandise est la garantie de valeur dans leurs écoulements des marchandises des autres, et exposée à leurs impérities et aux risques qu'ils encourent.

Il devient ainsi aisé à comprendre que la Richesse réelle, effective, n'est nullement cette idée simpliste des socialistes et des communistes, un gâteau dont il n'est que de distribuer les tranches pour assurer le bonheur aux Peuples. Non ; la Richesse ne se stabilise pas, et ne peut aucunement être stabilisée (puisque stabilisée elle s'évanouit), parce qu'elle est la conséquence des circulations des marchandises, et qu'elle croît par les fréquences de ces circulations Cette loi a été formulée par Gustave LE BON : « L'accroissement de vitesse de la circulation d'un Capital, constitue l'augmentation de ce Capital ».

La proposition de répartir le stock mondial d'OR entre les diverses Nations, au prorata du nombre respectif des habitants, est une idée saugrenue d'instituteur primaire ou de vieille bonne d'enfants stérile !... Elle ne supporte pas l'examen. Pour valoriser l'OR, il faut le mettre en circulation ; peu à peu, par tranche réduite, 15 % du stock pour débuter ; il y a plus de 2 ans, qu'en France, cette opération eût dû être faite, elle eût revalorisé notre Franc ; elle eût favorisé une conversion saine des rentes sans réduire l'avoir et les revenus des porteurs ; et LA VOIE D'EAU TRANSCONTINENTALE également exécutée en France, la Réorganisation économique du Continent était commencée, et la crise économique était parée.

Voilà ce que les Equipes dirigeantes n'ont pas, jusqu'à présent, voulu, ou pu comprendre.

...Et le Chaos grandit ; et son gouffre se creuse !...

Et l'effort de redressement à faire sera d'autant plus dur, d'autant plus douloureux et lent, que son départ en sera plus reculé.

*
* *

Je ne serai jamais démenti par les Faits en prédisant que, tant que nous ne nous serons pas assurés des débouchés hors frontières, et dans les activités et les ampleurs nécessaires à alimenter et à développer nos foyers de productions et de fabrications, le pouvoir d'achat du FRANC français ne croîtra pas.

Ce qui est bien la démonstration évidente que rien de stable et de productif ne peut être réalisé dans la Réorganisation économique du Continent sans l'existence de LA VOIE D'EAU TRANSCONTINENTALE des Transports — DANUBE-ATLANTIQUE — à travers l'Unité Orographique.

Et il faut ajouter, — de LA VOIE D'EAU assurant par son dispositif, son outillage, et son équipement, l'abaissement au plus bas cours du PRIX DE REVIENT de la tonne de marchandise transportée.

*
* *

Voici donc « LA LOI D'AIRAIN » à laquelle doivent inéluctablement se soumettre toutes les Productions et les Fabrications. :

— la constante réalisation du PRIX DE REVIENT

le plus bas praticable,

dont l'application ne peut être effectuée qu'individuellement, à chaque source de production, à chaque foyer de fabrication, chacun conditionné par son emplacement, ses ressources en matières premières et en main-d'œuvre, les lieux et les distances de ses débouchés et les activités de leurs demandes.

Chaque cas est un cas particulier qui est la conséquence de ses Transports à ce point, et de ce point ; chaque chef d'industrie doit les connaître, les discerner, les juger.

Ce sont donc bien les Transports qu'il faut établir d'abord pour réorganiser la Vie économique — les échanges — sur le Continent EUROPE, dans l'ordonnance des Lois intangibles de la Nature, qui sont bien claires et bien précises :

Elles disent qu'un Continent possède toujours une ou plusieurs entités physiques, chacune constituée par un système orographique complet, et qu'ainsi les pentes des reliefs du sol tracent les voies d'accès, de relations et d'échanges entre toutes ses parties.

Elles disent encore que les sources des Forces Economiques sont réparties par la formation géologique, et que leurs positions dans les limites de chaque unité orographique déterminent par leurs productions les districts agricoles et par leurs fabrications les districts industriels, ainsi géographiquement dévolus.

Elles disent enfin que, quelles que soient leur pluralité et les diversités de leurs origines ethniques, les Nations, cantonnées à l'intérieur d'une unité orographique, sont astreintes dorénavant, par leurs pénétrations mutuelles, à adopter la civilisation commune à cette unité, et à se plier à l'unification des consommations.

Et, finalement, l'observation expérimentale ajoute que l'extension de la voie de communication et la régularité de marche (sans rupture de charge) des transporteurs grâce *aux Relais* des tracteurs, désormais mécaniques, à travers l'étendue totale de l'unité orographique, contraignent toutes les parties à une unification des consommations, unifiées par la commune civilisation, — parce qu'automatiquement, ces voies de communication, intensifiant les relations entre ses diverses parties, abaissent leurs barrières isolantes et conduisent à la communauté des intérêts économiques, laquelle engendre aussitôt la communauté des buts politiques. Et cela c'est LA PAIX.

Plus impérativement que jamais, la Réorganisation économique de l'Europe est inéluctablement soumise à ces lois naturelles, parce que cette réorganisation de l'unité originelle est impossible sans la collaboration de toutes ses populations. Les nécessités des intérêts communs sont les seuls liens qui puissent unir durablement des Peuples d'un habitat commun. Mais cette réorganisation économique restera impossible à réaliser tant que ces relativités géographiques, partant naturelles, n'auront pas été reconnues et acceptées par les Dirigeants européens, et tant qu'elles ne seront pas devenues, sur ce Noyau Continental, les garants formels contre toute convoitise d'UN SEUL à l'Hégémonie, — ce qui revient à dire, contre l'INSECURITE. Et cela c'est LA GUERRE.

Ce labeur incombe exclusivement aux Européens du Continent, sans l'ingérance des Dirigeants des Nations hors-Noyau Continental Européen. — Autrement ce sont des disputes, et le Conflit.

Il est ainsi clairement démontré, sans conteste possible, que les barrières douanières ne sont pas la cause première des productions et des fabrications ; tout au contraire, elles n'en sont que les conséquences, et condition pouvant seule rendre leurs disparitions possibles par les fréquences des passages, aux PRIX DE REVIENT *les plus bas praticables,* des marchandises exigées par les demandes des consommateurs, et imposées dans les proportions de leurs satisfactions ; peu à peu ces barrières douanières seront effritées, abaissées, nivelées... et, un beau matin, la surprise sera grande de constater les disparitions de la plupart d'entre elles. Ce sera alors le moment pour les législateurs de venir efficacement constater avec leurs écrits et leurs textes des états de faits établis par la NATURE ; à cela est strictement borné leur rôle... Et ce résultat sera obtenu sans discours ni disputes !

Mais, ce résultat ne peut pas être obtenu par le simple passage de l'éponge sur l'ardoise. Elle se réalisera peut à peu, par étapes ; les premières étapes étant les plus pénibles et les plus lentes à couvrir .

Car, en Europe, il existe aujourd'hui plus de 650 conventions douanières, toutes disparates ; et chaque Etat a un nombre considérable de postes de marchandises différentes et diverses, et à des stades variés de livraisons. En FRANCE, nous comptons plus de 7.000 (je dis bien sept mille) de ces postes. Comment peut-on prétendre réformer par des lois, des décrets, et des réglementations intérieurs, cette situation, édifiée à l'extérieur à travers des siècles par les travaux assidus de plusieurs générations ?

A fortiori, comment peut-on espérer qu'une Conférence *Mondiale Economique* puisse opérer ce redressement ?

Le Monde du Globe terrestre est d'abord réparti sur deux hémisphères avec régime inverti des saisons. Sur chaque hémisphère, existent des continents différents possédant des altitudes diverses et dissemblables. Et, dans chaque continent, chaque Unité Orographique constitue un Tout physique imposant une homogénéité de faune, de flore, et aussi d'humanité, en conséquence d'une homogénéité de lignes isothermes.

Alors, ce sont les Voies des TRANSPORTS, cheminées par la NATURE sur les pentes des crêtes de la configuration de son sol, qui construisent l'ORGANISATION ECONOMIQUE de cette Unité Orographique.

Chaque Unité Orographique constitue donc l'unité de périphérie dans les limites de laquelle, la Réorganisation économique doit d'abord être édifiée.

« Il faut commencer par le commencement. »

Depuis janvier 1918, ce projet est debout, complet.

Depuis janvier 1918, depuis 15 années, inlassablement je l'ai présenté à chacune des équipes dirigeantes qui se sont succédées au Pouvoir. Et je n'ai rencontré que trois hommes politiques qui l'aient compris : Clemenceau, Claveille, Guist'hau. Je leur dois cet hommage posthume.

Les navigateurs, les explorateurs, eux, m'ont tous compris. Mais combien peu nombreux ils sont en France ; et ils sont sans influence sur les groupes politiques.

Le Destin de la FRANCE — et aussi celui de l'EUROPE, car dorénavant le Destin de la France et celui du Continent sont indissolublement liés — est aux mains de ces groupes politiques, composés d'avocats éloquents, de professeurs savants dans leur spécialité, de fonctionnaires présomptueux, et tous des hommes fort intelligents.

Mais ils ne sont pas des Dirigeants, et surtout pas ceux exigés par les circonstances ; car l'Intelligence n'est pas une vertu en soi ; c'est un don de la Nature, qui peut devenir le plus abject des vices, comme la plus sublime des vertus. Il n'est donc pas possible de faire fonds sur ce don naturel.

Ce qu'il faut comme Dirigeants dans les temps troubles, et de plus en plus troubles, de la période actuelle, ce sont des Hommes de Caractère. Et le Caractère est le résultat d'une trilogie de vertus : énergie, persévérance, domination de soi.

Si un tel Homme n'est pas bientôt mis en évidence par les circonstances, s'il ne surgit pas, c'est le glissement automatique à la Guerre par le poids de la masse la plus lourde du facteur démographique :

*
* *

En effet, présentement, en Europe, existent 2 Groupes adverses de Nations sur le Continent, legs de la Guerre, mais aussi conséquence de la non-Réorganisation qui a suivi, — désorganisation qui s'aggrave en se perpétuant.

A. — Le Groupe anti-prussien (c'est-à-dire antipangermaniste) composé de :

France	40 millions d'habitants,
Belgique	8 —	—
Pologne	20 —	—
Tchécoslovaquie . . .	14	—
Roumanie	17 —	—
Yougoslavie	13 —	—
Total . . . . . 121 —	—

B. — Le Groupe pro-prussien (c'est-à-dire pangermaniste) composé de :

Les Allemagnes (sous la domination autocratique de la Prusse)	63 millions d'habitants,
Autriche	7 —	—
Hongrie	8 —	—
Bulgarie	6 —	—
Italie	41 —
Total . . . . . 125 —	—

Plus les Russies (v. notes annexes).

La manœuvre prusso-italienne :

1° la Prusse a aujourd'hui réarmé le Reich, et par suite, les Allemagnes sont désormais sur le Continent la Puissance la plus fortement armée, et par conséquent la plus forte, d'où attraction dynamique sur l'Italie ;

2° l'orgueil fou et démesuré, insuflé par Mussolini au Peuple d'Italie pour en conserver « *le menage* », a enfanté les extravagantes prétentions de son Gouvernement qui veut prendre la Savoie, Nice et la Tunisie sur la France, et, en outre de l'Albanie, déjà colonie italienne, la Dalmatie et la Croatie sur la Yougoslavie, dans le but de faire de l'Adriatique une mer exclusivement italienne, et, en y détenant les ports, de dicter ses lois à la Confédération Danubienne dont il escompte être le Protecteur pour en accaparer les profits.

Ces convoitises ont décidé l'Italie à se lier à la Prusse par un traité secret, offensif et défensif, engageant formellement cette dernière à soutenir, avec tous ses moyens, armes comprises, les appétits italiens ; et réciproquement, l'Italie s'est engagée à soutenir avec tous ses moyens, également armes comprises, la réalisation de la PANGERMANIE.

Il y a 5 ans, l'attention du Quai d'Orsay fut appelée sur les intrigues mussoliniennes qui, par les routes de l'Albanie, pénétraient Budapest et Sofia.

Car le plan de Mussolini est :

a) de dissocier la Yougoslavie, — et, à l'origine de toutes les manifestations de séparatisme entre Croates, Slovènes et Serbes, sont les excitations occultes italiennes ;

b) de reprendre à la Roumanie ;

1. la partie de la Transylvanie au Nord du Danube, les Portes de Fer comprises, de telle sorte que les territoires hongrois et bulgare n'aient plus de solution de continuité.

2. la Bessarabie, entièrement ou partiellement suivant résistance à Bucarest, pour la rendre aux Russies ;

c) enfin, Tchécoslovaquie et Pologne, ainsi isolées et réduites à leurs seules ressources, seront envahies et assujetties.

Et ainsi, en conséquence de l'alliance de l'Italie avec la Prusse, voilà constituée la PANGERMANIE, et réalisée l'Hégémonie de Berlin sur l'EUROPE continentale d'abord, sur les Iles Britanniques bientôt après, et finalement sur le Monde, Etats-Unis d'Amérique compris.

Et maintenant, que feront, dans leurs îles, l'Angleterre (43,1 millions d'habitants) et l'Irlande (4,4 millions d'habitants) ? Où mèneront-elles leurs 47 millions et demi d'habitants ? Et, si elles se rangent à nos côtés, quand viendront-elles ?... Si Mc Donald reste le chef du Gouvernement anglais, il fera marcher son Pays contre la France, ainsi qu'il l'a toujours hautement réclamé pendant toute la durée de la Guerre ; cela ne fait aucun doute.

Cette situation est vraiment poignante !

Existe-t-il réellement un remède ?... Et lequel ?...

— Oui, un Remède existe, et c'est la NATURE qui l'a mis dans nos mains ; osons en user :

Notre POSITION GEOGRAPHIQUE sur le Continent nous donne une suprématie « inconcurrençable », si nous savons la mettre en valeur rapidement et l'exploiter judicieusement. Car, sans aucune contestation possible, nous possédons le débouché dans l'Atlantique de l'Unité Orographique, et ce point est le plus proche de toutes les côtes opposées.

*
* *

Partout en Europe, d'une extrémité à l'autre du Continent, l'anxiété règne et grandit : — Comment vivra-t-on demain ?... Voilà l'angoissante préoccupation qui hante toutes les pensées...

On sait, on comprend que les rapprochements économiques sont seuls capables de faire oublier tous dissentiments politiques.

Mais comment ces rapprochements d'échanges peuvent-ils s'effectuer sans, pour les Transporteurs, les Voies des Transports sans rupture de charge, et au PRIX DE REVIENT *le plus bas praticable* dans la périphérie de l'Unité Orographique ?

...Et on ne voit toujours rien venir ! ! !...

Deux documents pour servir à l'Histoire

SUR LE CORRIDOR POLONAIS.

I

L'atlas scolaire allemand met en lumière de façon tout à fait objective l'ancienneté, au point de vue ethnographique et politique, du droit de la Pologne à la portion du territoire dénommée LE COULOIR POLONAIS :

— la carte ethnographique de l'an 1.000 (page 39), établit que l'étendue des territoires slaves atteignait l'Elbe ;

— la carte de la page 44 atteste que la Prusse Orientale, *colonisée* par les Ordres militaires allemands, demeura, dès le début, en solution de continuité avec le reste des territoires allemands, et que l'actuel COULOIR était resté en dehors de cette colonisation, et *était resté Polonais.*

La perpétuité de ce caractère ethnographique Polonais est encore confirmée par les cartes ecclésiastiques 48 et 64 ;

par les cartes politiques 55 de 1477,

59 de 1547,

61 de 1559,

63 de 1648,

67 de 1740, qui, toutes, illustrent le fait que la Prusse Orientale a toujours été un îlot, un bastion germanique, que les Chevaliers de l'Ordre Teutonique tentèrent d'agrandir au détriment de la Pologne et de la Lithuanie.

La Prusse Orientale n'a été, et n'est que point d'appui, « Tête de Pont » dans la marche vers l'Est (Drang nach Osten).

La carte 69 est celle des partages de la Pologne en 1772, où la Prusse s'empara du COULOIR — ainsi dénommé.

En 1795, c'est l'annexion de Dantzig.

Tout cela prouve que *le Traité de Versailles* n'a pas attribué arbitrairement et capricieusement des territoires à la Pologne ; mais qu'au contraire, *la totalité des territoires ethnographiques polonais est loin d'avoir été récupérée.*

II

L'Atlas historique de Putzger (employé aussi dans les Ecoles allemandes), confirme que loin d'être une création artificielle consécutive à la Guerre, LE COULOIR POLONAIS a existé auparavant durant des siècles, — tant au point de vue politique et ethnographique que confessionnel.

Tout en ne retenant pas les cartes n° 34, 35, 36 et 37, qui montrent que, depuis l'époque des migrations des peuples, de vastes territoires jusqu'à l'Elbe étaient habités par des tribus slaves, — il convient de considérer en particulier :

la carte ethnographique de l'an 1.000 (n° 39) ;
la carte de colonisation de l'an 1.400 (n° 44).

Sur la première, les territoires slaves s'étendent vers l'Ouest bien au delà de l'Oder ;

sur la seconde, le caractère ethnographique slave du pays dénommé COULOIR, apparaît avec toute sa netteté.

Ces deux cartes jettent une lumière crue sur le mensonge de l'ancienneté du caractère germanique de ces territoires.

Quant aux raisons qui ont déterminé le recul de la ligne ethnographique slave de l'Elbe jusqu'à l'Oder, elles sont les suivantes :

1° l'époque d'Henry I⁰ʳ fut celle des conquêtes, l'évangélisation des païens étant passée au second plan ;

2° l'extermination de la population slave a eu lieu au XII⁰ siècle ;

3° la carte 48, relative à l'administration ecclésiastique au temps de la Réforme démontre l'existence *d'un couloir* ;

— la carte 64, qui se rapporte à la distribution des confessions en 1618, démontre que LE COULOIR mettait en communication la Prusse Orientale avec le reste des Allemagnes ;

— la carte 69 confirme la conquête du COULOIR par la Prusse en 1772 (Partage de la Pologne), suivie de l'annexion de Dantzig et de Varsovie en 1795.

Ainsi la reconstitution du COULOIR POLONAIS en 1919 n'est pas due à un « découpage artificiel » d'un territoire allemand, mais elle est le retour à une configuration politique, ethnographique et constitutionnelle, maintenue pendant des Siècles dans les relations polono-allemandes.

Et cette bande de territoire n'est pas originellement allemande.

LES TRAITÉS ENTRE LES ALLEMAGNES ET LES RUSSIES

Traité de Rapallo.

Le premier traité entre les Allemagnes et les Russies soviétiques a été conclu *au mois de janvier* 1922, à Rapallo et a été signé du côté allemand, pour le ministre Wirth. Ce traité poursuivait des buts politiques et commerciaux. Principalement, il s'agissait de tirer les Allemagnes de l'isolement complet dans lequel elles se trouvaient après la Guerre, et de préparer le terrain pour développer entre les deux Pays les échanges commerciaux. On supposait déjà, lors de la signature de ce traité, qu'une annexe secrète préparait une collaboration militaire. Il n'en fut pas signé cependant ; bien que l'influence de l'Etat-Major allemand ait été à l'origine de ce traité. En effet, on constate, peu de temps après, le commencement de la collaboration sur le terrain militaire entre les deux Pays, mais toutes les conventions restèrent verbales et passèrent bien souvent par dessus la tête du Ministre de la Reischwehr à cette époque, le démocrate Gessler.

II

Le premier traité de Berlin.

Bien que le traité de Rapallo ait préparé les échanges de marchandises entre les deux Pays, aucun détail n'avait pu être réglé. Pour combler la lacune, un premier traité fut signé à Berlin *en* 1924, qui permit l'installation de la délégation commerciale soviétique à Berlin, acceptant ainsi le monopole du Commerce extérieur russe par les Allemagnes... Ce traité ouvrit en outre aux Russies de larges crédits donnés par l'Industrie allemande au Monopole russe, avec la garantie du Gouvernement du Reich jusqu'à 60 o/o du total des crédits. Les traites russes données en paiements purent être escomptées à la Reichsbank, dès la ratification du traité.

III

Le second traité de Berlin.

Le premier traité de Berlin venant à expiration, un nouveau traité entre les Allemagnes et les Russies fut signé à Berlin, *en* 1930.

Il prévoit en somme la prolongation des anciennes stipulations, augmente le total des Crédits allemands consentis aux Russies, règle encore quelques détails du service consulaire des Allemagnes dans les Russies sur les bases générales prévues par le premier traité ; et, comme dans ce premier traité, il prévoit un régime réciproque de la Nation la plus favorisée.

IV

Le traité secret de Spandau.

Enfin, dans les trois derniers mois de 1930, un Traité militaire a été signé entre un délégué de l'Etat-Major allemand et un délégué de l'État-Major soviétique, à Spandau.

Ce traité est l'unique instrument écrit entre les Services militaires des deux Pays, et il résume par écrit, et pour une durée non limitée, toutes les anciennes conventions verbales ; et en outre, il contient un vaste plan d'organisation pour l'armement des deux Pays, plan désigné comme destiné à « l'Outillage national ».

Ce traité comprend dix-huit articles subdivisés en paragraphes. Il est la base du plan quinquennal des Russies, et prévoit de larges subventions pécuniaires à fonds perdus de la part de l'Etat-Major allemand, ainsi que l'emmagasinage des armes et des munitions.

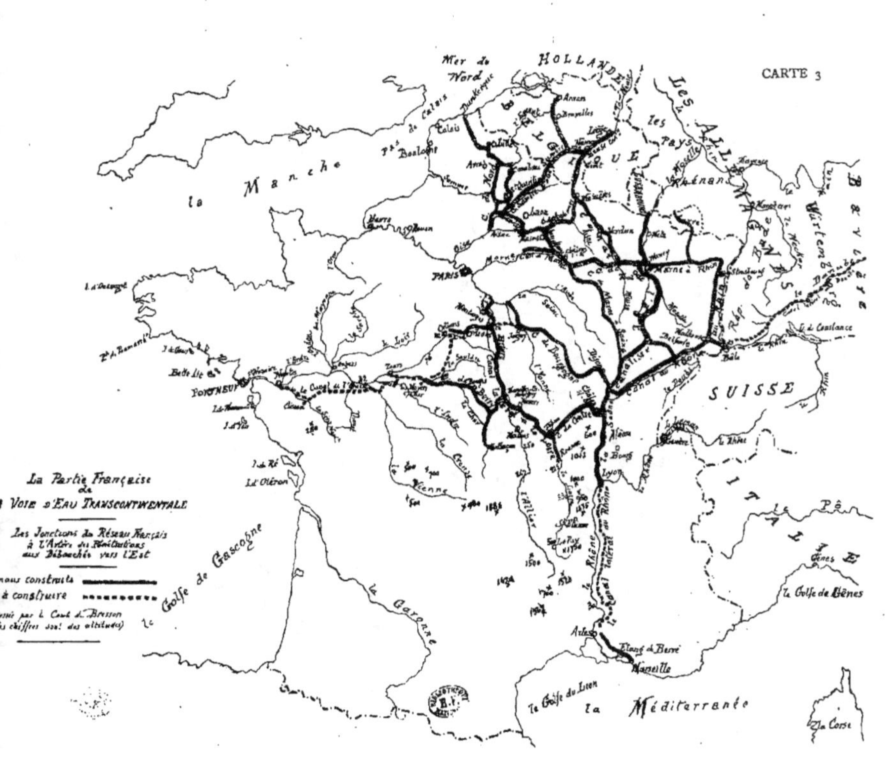

La Partie Française
de
LA VOIE D'EAU TRANSCONTINENTALE
Les Jonctions du Réseau Français
à l'Artère des Pénétrations
aux Débouchés vers l'Est
Canaux construits
us à construire
dressé par le Cont de Bresson
(les chiffres sont des altitudes)
Mer du Nord
HOLLANDE
LES ALLEMANDS
les Pays Rhénans
BAVIÈRE
SUISSE
ITALIE
la Manche
Pas de Calais
Boulogne
Calais
Dunkerque
Anvers
Bruxelles
PARIS
Marne au Rhin
Bâle
Lyon
Arles
Étang de Berre
Marseille
la Garonne
Golfe de Gascogne
le Pô
Gênes
le Golfe de Gênes
la Corse
le Golfe du Lion
la Méditerrannée
Belle Île
PONTNEUF
I. de Ré
I. d'Oléron
le Rhône
SUISSE

L'UNITÉ OROGRAPHIQUE
ou
le Noyau Continental

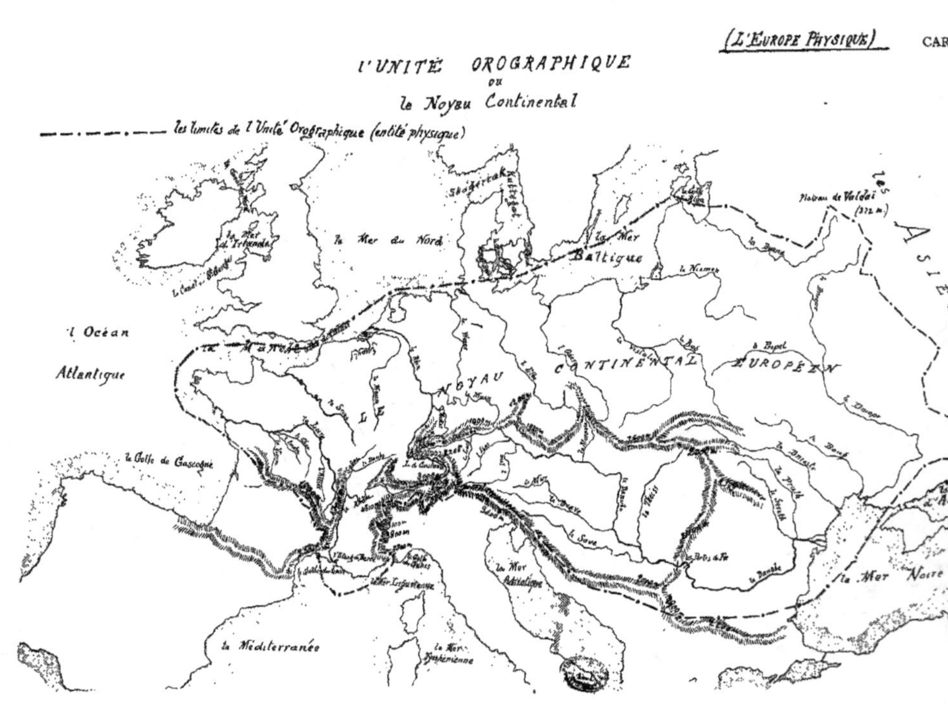

Les CARTES

Hors-Texte

1. — L'EUROPE PHYSIQUE.
   L'Unité Orographique, ou le Noyau Continental.
2. — L'EUROPE ÉCONOMIQUE.
   La Voie d'Eau Transcontinentale et Portneuf.
3. — La Partie Française de LA VOIE D'EAU TRANSCONTINENTALE.
   Les jonctions du Réseau Français à l'Artère centrale des pénétrations aux débouchés des marchandises vers l'Est.

   Chalon-sur-Saône devient ainsi le centre des ravitaillements du territoire, du Nord au Sud, en conséquence de la sécurité de l'atterrissage sur Belle-Ile et Portneuf.
4. — PORTNEUF. (Dans le Texte.)